SYLLABAIRE

EN TROIS LEÇONS,

SELON L'ORDRE DES SONS.

MONTREUIL.
IMPRIMERIE DE L. ROBINE.

1843.

Cette édition est pour les maîtres et instituteurs.

On retranchera de l'édition à l'usage des élèves tout ce qui est instruction, notes et explications de la méthode.

SYLLABAIRE

EN TROIS LEÇONS,

SELON L'ORDRE DES SONS.

MONTREUIL,
IMPRIMERIE DE L. ROBINE.

1843.

SYLLABAIRE

EN TROIS LEÇONS,

SELON L'ORDRE DES SONS.

Les mots qui forment le langage se composent de sons que l'on a représentés par des signes qu'on appelle LETTRES. L'écriture étant la traduction des sons en signes, la lecture est la traduction de ces mêmes signes en sons.

La plus grande difficulté, pour ceux qui apprennent à lire, provient de ce qu'on a donné aux lettres des dénominations qui ont peu de rapport avec les sons qu'elles représentent; et ensuite, de ce qu'on les leur fait connaître dans leur rang alphabétique, au lieu de suivre l'ordre des sons.

Il y a trois sortes de sons : les voyelles, les consonnes ou articulations, et les consonnances ou sons articulés.

Le son des voyelles est plein : la voix prend, en les faisant entendre, tout son développement, à l'exception de e muet qui ne rend qu'un son sourd lorsqu'il est articulé, et qui n'en rend aucun lorsqu'il ne l'est pas. Celui des consonnes est si léger et si rapide, que la voix ne peut le faire entendre seul, et il faut qu'elle soit soutenue par un autre son qui précède ou qui suive. Le son articulé ou consonnance se forme d'une consonne suivie d'une voyelle. Dans ce cas la consonne et la voyelle forment ensemble un seul son qui tient de l'une et de l'autre : dans *ba*, il n'y a qu'un seul son, et dans *ab* il y en a deux. C'est cette simultanéité de son qui nous fait admettre le nom de consonnance.

L'harmonie veut que les sons de la parole soient mesurés ; cette mesure s'appelle syllabe. Toute syllabe renferme au moins une voyelle ou une consonnance qui donnent seules des sons pleins. Les consonnes ne peuvent jamais former des syllabes à elles seules, quelque nombreuses qu'elles soient. Il suit de là que lorsqu'elles ne concourent pas à former une consonnance, elles appartiennent, ou à la voyelle qui précède, ou à la consonnance qui suit, pour former ensemble la syllabe : *ar-bre*, *mal-gré*, *ob-scur*.

Les diphthongues, qui sont la réunion de deux voyelles dont le son de la première passe rapidement, ne font qu'une seule syllabe : *Ciel, Dieu, oui, lui, loin, mien.*

1re LEÇON.

DES VOYELLES.

Il y a quatre sortes de voyelles :
1° Les voyelles simples, dont le son est représenté par une seule lettre ;

SYLLABAIRE.

2º Les voyelles composées, dont le son est représenté par la réunion de deux ou trois voyelles simples au plus;

3º Les voyelles nasales, qui sont composées des deux précédentes, suivies des lettres *m* ou *n*. Elles prennent un son particulier qui leur a fait donner le nom de nasales;

4º Les diphthongues, ou voyelles composées de deux sons, ne faisant ensemble qu'une seule syllabe.

Voyelles simples.

A a *a*   E é *é*   *e* muet.   I i *i*
a-mi.   é-toile.   journé-e.   i-mage.

Y y *y*   O o *o*   U u *u*
y-préau.   o-live.   u-tile.

Voyelles composées.

ai   ei   œ   au   eau
ai-gle.   ei-der.   Œ-dipe.   au-tel.   eau.

eu   œu   ou   oi [1]
Eu-rope.   œu-vre.   ou-bli.   oi-seau.

(1) *Oi* est une diphthongue, puisqu'elle est composée de deux sons; mais elle en diffère en ce que ces sons ne dérivent pas des lettres qui la composent; et elle se rapproche en cela des voyelles composées, au nombre desquelles on a cru devoir l'admettre pour simplifier l'enseignement.

SYLLABAIRE.

Voyelles nasales.

an   **am**   **en**   **em**   **in**
an-ge.   am-ble.   en-fant.   em-pereur.   in-digent.

im   **on**   **om**   **un**   **um**
im-bécile.   on-cle.   om-bre.   un.   hum-ble.

ain   **aim**   **ein**   **yn**   **ym**
ain-si.   faim.   pein-tre.   lynx.   nym-phe.

Diphthongues.

ia   **ié**   **iai**   **io**   **iau**
dia-ble.   ami-tié.   niais.   pio-che.   miau-ler.

ieu   **oui**   **ui**   **ian**   **ien**
dieu.   foui-ne.   lui.   vian-de.   fa-ïen-ce.

ien final.   **ion**   **oin**   **uin**
pa-ïen.   lion.   loin.   juin.

2ᵐᵉ LEÇON.

LES CONSONNES ET LEUR DÉNOMINATION. (1)

Consonnes simples.

B b *b*   C c *c*   D d *d*   F f *f*
be, ab-*solu*.   que, ac-*tif*.   de, ad-*mirable*.   fe, if.

G g *g*   H h *h*   J j *j*   K k *k*
gue, aug-*menté*.   muette, ah!   je.   ke, lok.

L l *l*   M m *m*   N n *n*⁽²⁾   P p *p*
le, ul-*cère*.   me, am-*nistie*.   ne, hy-men.   pe, ap-*titude*.

Q q *q*   R r *r*   S s *s*   T t *t*
que, coq.   re, or.   se, as-*tre*.   te, at-*mosphère*.

V v *v*   X x *x*   Z z *z*
ve vrai.   xe, *phé*-nix.   se, *Rho*-dez.

Consonnes composées.

ch   ph   il ᵐᵒᵘⁱˡˡᵉ́ᵉ·   gn
che, *A*uch.   phe, Jo-sé ph.   ille, tra-vail.   bor-gne.

(1) Pour bien faire comprendre leur véritable son, que cette dénomination ne rend pas absolument, on les a représentées dans un mot où elles terminent une syllabe.

(2) Lorsque les consonnes *m* et *n* terminent une syllabe, elles forment presque toujours une nasale avec la voyelle qui les précède.

ALPHABET USUEL.

Toutes les lettres étant connues par les deux leçons qui précèdent, on les reproduit ici dans leur ordre alphabétique.

A B C D E F G H I J
K L M N O P Q R S T
U V X Y Z.

a b c d e f g h i j
k l m n o p q r s
t u v x y z.

*a b c d e f g h i j
k l m n o p q r s
t u v x y z.*

3ᵐᵉ LEÇON.

CONSONNANCES OU SONS ARTICULÉS.

Lorsqu'une voyelle est suivie d'une consonne, celle-ci n'affecte nullement la voyelle, et chacune d'elles rend successivement le son qui lui est propre : *ab*. Lorsqu'au contraire, c'est la consonne qui précède, elle agit sur la voyelle en l'articulant, et les deux forment ensemble un seul son qu'on peut appeler *consonnance*, à cause de la simultanéité de son. Ce mode d'action des consonnes sur les voyelles est essentiel à remarquer, parce que ce n'est que dans ce cas que quelques-unes d'entr'elles, dans certaines circonstances, changent dans le son et quelquefois dans la forme.

1ʳᵉ SECTION.

Consonnances dans lesquelles la consonne conserve le son et la forme qui lui sont propres.

ba   be   bé   bi   by   bo
ba-teau. be-soin. bé-ni. bi-jou. by-sance. bo-bo.

bu   bai   bau   beau   beu   bœu
bu-tor. bai-ser. bau-det. beau. beu-gler. bœuf.

boi   bou   ban   bam   bin   bon
boi-re. bou-ton. ban-de. bam-bin.   bon.

SYLLABAIRE.

bom   bun   bain   bui   bien
bom-be.   tri-bun.   bain.   bui-sson.   bien.

da   de   dé   di   dy   do
da-me.   de-mande.   dé-faut.   di-re.   dy-nastie.   do-cile.

du   dai   dau   deau   deu   doi
du-pe.   dai-gner.   dau-phin.   far-deau.   deux.   doigt.

dou   dan   den   din   don   daim
dou-ceur.   dan-se.   dent.   din-don.   daim.

dia   dieu   dui   dien   dien
dia-ble.   dieu.   con-dui-re.   au-dien-ce.   gar-dien.

fa   fe   fé   fi   fo   fu
fa-ble.   fe-nêtre.   fé-cule.   fi-dèle.   fo-lie.   fu-mée.

fai   fau   foi   feu   fou   fan
fai-re.   fau-te.   foi.   feu.   fou.   en-fant.

fen   fin   faim   fein   fon   fun
fen-te.   fin.   faim.   fein-te.   fon-du.   dé-funt.

fum   fia   fio   fui   foui   foin
par-fum.   fia-cre.   fio-le.   fui-te.   foui-ne.   foin.

ja   je   jé   jo   ju   jau
ja-loux.   je-ton.   jé-sus.   jo-li.   ju-ge.   jau-ne.

joi   jeu   jou   jan   jam
joie.   jeu.   jou-jou.   jan-vier.   jam-be.

SYLLABAIRE.

jon   **jui**   **join**   **juin**
jonc.   Juif.   join-dre.   juin.

ka   **ki**   **ky**   **ko**   **kai**   **kin**
mo-ka.   ki-lo.   ky-rielle.   ko-ran.   to-kai.   nan-kin.

la   **le**   **lé**   **li**   **lo**   **lu**
la-me.   le-çon.   lé-gal.   li-vre.   lo-cal.   lu-ne.

lai   **lei**   **lau**   **loi**   **lou**   **lan**
lai-ne.   ba-lei-ne.   lau-rier.   loi.   loup.   lan-gue.

lam   **len**   **lin**   **lon**   **lun**   **lain**
lam-pe.   len-terne.   lin.   long.   lun-di.   pou-lain.

lia   **lié**   **lieu**   **lui**   **lion**   **lien**
liard.   lié-ge.   lieu.   lui.   lion.   lien.

ma   **me**   **mé**   **mi**   **my**   **mo**
ma-lade.   me-lon.   mé-rite.   mi-di.   my-stère.   mo-de.

mu   **moi**   **meu**   **mœu**   **mai**   **mau**
mu-let.   moi.   meu-ble.   mœurs.   mai-son.   mau-vais.

mou   **man**   **men**   **min**   **mon**
mou.   man-ger.   men-teur.   min-ce.   mon-tre.

main   **miau**   **mieu**   **moin**   **mien**
main.   miau-ler.   mieux.   té-moin.   mien.

na   **ne**   **né**   **ni**   **no**   **nu**
na-ture.   ne-veu.   né-goce.   ni-che.   no-ble.   nu-age.

SYLLABAIRE.

nai nei nau neau neu nœu
nai-ssance. nei-ge. nau-frage. four-neau. neu-tre. nœud.

noi nou nan non nom nain
noix. nou-veau. nan-ti. non. nom. nain.

nin nym nié niai nui nion
bé-nin. nym-phe. niè-ce. niais. nuit. u-nion.

pa pe pé pi po pu
pa-pa. pe-tit. pé-ché. pi-pe. po-li. pu-ce.

pai pei pau peau peu poi
pai-sible. pei-ne. pau-vre. peau. peu. poi-re.

pou pan pen pin pon pom
pou-le. pan-tin. pen-dule. pin-son. pont. pom-pe.

pain pio pieu pui pié pion
pain. pio-che. pieu. pui-ssant. pié-ton. pion.

ra re ré ri ro ru
rat. re-tour. ré-ponse. ri-re. ro-be. rue.

rai rei reau reu rou roi
rai-son. rei-ne. tau-reau. peu-reux. rou-te. roi.

ran ren rem rin ron rom
rang. ren-dre. rem-plir. se-rin. rond. rom-pre.

rein rio rieu rui rien rien
rein. cu-rio-sité. cu-rieux. rui-ne. expé-rien-ce. rien.

SYLLABAIRE.

va   **ve**   **vé**   **vi**   **vo**   **vu**
va-che.   ve-nir.   vé-rité.   vi-vre.   vo-lonté.   vue.

vai   **vei**   **vau**   **veau**   **veu**   **vœu.**
vai-sseau.   vei-ne.   vau-tour.   veau.   ne-veu.   vœu.

voi   **vou**   **van**   **ven**   **vin**   **von**
voix.   vou-loir.   sa-vant.   vent.   vin.   sa-von.

vain   **via**   **vio**   **vieu**   **vian**   **vien**
vain.   via-ger.   vio-lon.   vieux.   viande.   viens.

cha   **che**   **ché**   **chi**   **cho**   **chu**
cha-grin.   che-min.   mar-ché   chi-cane.   cho-se.   four-chu.

chai   **chau**   **cheu**   **choi**   **chan**
chai-se.   chaud.   fâ-cheux.   choi-sir.   chan-ter.

cham   **chon**   **chou**   **chain**   **chien**
cham-bre.   bou-chon.   chou.   pro-chain.   chien.

pha   **phi**   **phe**   **phé**   **phy**
pha-lange.   phi-loso-phe.   phé-nix.   phy-sique.

pho   **phan**   **phin**   **phon**
phos-pho-re   é-lé-phant.   dau-phin.   si-phon.

gna   **gne**   **gné**   **gni**   **gno**
mignard.   montagne.   ga-gné.   ma-gni-fique.   i-gno-rant

gneau   **gneu**   **gnon.**
a-gneau.   épa-gneul.   mi-gnon.

2ᵐᵉ SECTION.

Consonnances dans lesquelles la consonne varie dans le son ou dans la forme.

ca   **cô**   **cau**   **cu**   **cai**   **coi**
ca-bane.   cô-té.   cau-se.   cu-ré.   cai-sse.   coi-ffeur.

cou   **cœu**   **can**   **cam**   **con**
cou-rage.   cœur.   can-ton.   cam-pagne.   con-te.

com   **cun**   **cain**   **cui**   **coin.**
com-bat.   cha-cun.   républi-cain.   cui-re.   coin.

Changement de son.
C comme S devant e, i, y.

ce   **cé**   **ci**   **cy**
ce-rise.   Cé-sar.   ci-re.   cy-gne.

ceau   **ceu**   **cen**   **cin**   **cein**
mor-ceau.   ceux.   cent.   cin-tre.   cein-ture.

cieu   **cian.**
cieux.   négo-ciant.

Changement de forme. Ç comme S devant a, o, u.

ça   **çai**   **çu**   **çoi**   **çon**
fa-ça-de.   fran-çais.   reçu.   fran-çois.   le-çon.

ga   **go**   **gu**   **gai**   **goi**
ga-ge.   go-belet.   fi-gu-re.   gai.   Gré-goi-re.

SYLLABAIRE. 15

gou gau gan gon gain goin.
gou-jon. gau-che. gant. gon-dole. gain. goin-fre.

Changement de forme. **gue gué gui**
GU *pour* G *devant* e, i, y. fi-gue. gué-rir. gui-de.

gueu guen guin guim.
gueule. on-guent. san-guin. guim-pe.

Changement de son. **ge gé gi gy**
G *comme* J *devant* e, i, y. ge-lée. gé-mir. gi-rafe. E-gy-pte.

gen gin gem gim gein
gen-dre. gin-gem-bre. gim-blette. gein-dre.

geu gion.
coura-geux. lé-gion.

Changement de forme et **geai gea geoi**
de son : GE *pour* J *devant* a, o, u. geai. il man-gea. bour-geois.

geô geon.
geô-lier. pi-geon.

H *muette* .... **ha hé hi hy ho**
ha-bit. hé-breu. his-toire. hy-dre. hom-me.

hu heu hum hié hui.
hu-main. heu-re. hum-ble. hié-rogliphe. hui-le.

H *aspirée* .... **ha hé hi ho**
ha-nne-ton. hé-ron. hi-bou. ho-là.

hu   hai   hau   hou   han
hu-tre.   hai-ne.   hau-teur.   hou-blon.   han-ter.

hon   hui.
hon-te.   huit.

Changement de forme. **qua   que   qué**
QU *pour* Q.   qua-lité.   mar²que.   mar-qué.

qui   quo   quoi   queu   quan
qui.   quo-tidien.   quoi-que.   queue.   quand.

quin   qu'on   qu'un
quin-te.   lorsqu'on.   quel-qu'un.

sa   se   sé   si   so   su
sa-ge.   se-lon.   sé-jour.   si-lence.   so-bre.   su-jet.

sai   sau   seau   seu   sœu
sai-son.   sau-ter.   seau.   seul.   sœur.

soi   sou   san   sem   sen
soi.   sou-pe.   sang.   sem-blable.   sen-tier.

sin   sim   sei   son   som
sin-ge.   sim-ple.   sei-gle.   son.   som-bre.

sym   sain   sein   siè   sui
sym-bole.   sain.   sein.   siè-cle.   sui-te.

sion   soin   sien.
pen-sion.   soin.   sien.

SYLLABAIRE. 17

Changement de son.
S. *entre deux voyelles comme*
ZE.

u-sa ai-se
u-sa-ge. ai-se.

u-sé a-si i-so é-su a-soi
u-sé. a-sile. i-so-lé. Jé-sus. ra-soir.

é-sou ai-san ou-sin i-son
ré-sou-dre. ai-san-ce. cou-sin. ti-son.

oi-seau u-sain é-sui be-soin
oi-seau. fu-sain. jé-sui-te. be-soin.

u-sion i-sien
fu-sion. Pa-ri-sien.

ta te té ti ty to
ta-ble. te-nir. té-moin. ti-gre. ty-ran. to-que.

tu tei tau teau teu
tu. tei-gne. tau-pe. gâ-teau. hon-teux.

toi tou tan tam ten
toi. tou-pie. tan-te. tam-bour. ten-du.

tem tin tim ton tom
tem-ple. bu-tin. tim-bre. ton. tom-beau.

tun tain tein tié tia
im-por-tun. é-tain. tein-dre. ami-tié. bes-tial.

tion tien
ques-tion. Bas-tien.

SYLLABAIRE.

Changement de son.
T devant I diphthongue **tia tié tie tieu**
comme S.   par-tial.   ini-tié.   minu-tie.   minu-tieux.

tion tien.
na-tion.   Egyp-tien.

xa   xe   xé   xi   xo
mo-xa.   lu-xe.   ta-xé.   ma-xi-me.   lu-xor.

xu   xeu   xon   xié   xio.
lu-xu-re.   box-eur.   Sa-xon.   an-xié-té.   a-xio-me.

Changement de son.
X initial ou précédé de   **xa   xé   xi**
E seul, comme GZ.   Xa-vier.   Xé-nophon.   Xi-menez.

ex-a   ex-é   ex-i   ex-o   ex-u
ex-a-men.   ex-é-cution.   ex-il.   ex-o-rable.   ex-u-toire.

ex-em.
ex-em-ple.

Son adouci en con-   **zi   za   ze   zé**
sonnant.   zi-za-nie.   on-ze.   zé-ro.

zo   zu   zy   zin   zain
zo-ne.   a-zur.   a-zy-me.   zinc.   zain.

zie.
on-ziè-me.

Changement de forme.   **ill-a   ill-e   ill-é**
ILL pour IL.   paill-asse.   taill-e.   taill-é.

ill-i ill-o ill-au ill-eu ill-ou
bouill-i, vieill-o-tte. Guill-au-me. till-eul. caill-ou.

ill-oi ill-an ill-on.
bouill-oi-re. brill-ant. ba-taill-on.

Les trois leçons qui précèdent contiennent les élémens essentiels de la lecture. Il faut que l'élève les sache imperturbablement avant de le faire passer outre.

Dans les méthodes ordinaires, on fait passer immédiatement du Syllabaire à la lecture des phrases ; cependant, il y a une multitude de circonstances dont l'élève n'a pas encore pu être instruit. L'expérience fait voir que les enfans lisent plus facilement des mots isolés, qu'ils ne peuvent lire des phrases. Il en est d'eux à cet égard comme de l'enfant qui ne fait que commencer à parler, et qui est long-temps à ne pouvoir exprimer ses idées que par un seul mot avant de pouvoir former la moindre phrase.

Les mots ne sont que des composés des divers sons qui ont fait le sujet des trois leçons. La lecture de mots divisés en syllabes, choisis de manière à écarter les exceptions, ne sera donc pour les élèves que l'application de ce qu'ils savent déjà; et cet exercice intéressera mieux leur intelligence qu'une plus longue série de fractions de mots. On leur fera connaître, à mesure qu'ils se présenteront, la valeur des accents et du tréma, que l'on a écarté des trois leçons, afin d'éviter trop de complication.

1ᵉʳ EXERCICE : *Mots uniquement composés de voyelles ou de consonnances qui ont fait le sujet de la 1ʳᵉ et de la 3ᵐᵉ leçons.* (1)

a à a-mi â-ge é-toi-le i-ma-ge î-le o-li-ve ô-té u-ti-le ai-san-ce aî-le au-bai-ne eau eu-ro-pe oi-seau oui ou-ra-gan an-ge am-bi-gu en-fan-ce em-pi-re in-di-gne im-bé-ci-le un ain-si oie ba-lan-ce bâ-ti be-soin bé-ni bê-te bi-jou a-bî-me bo-ca-ge bu-tin bu-reau bau-me bai-gnoi-re beau boi-re bou-ton ban-deau bam-bin bon bom-be bain da-me de-man-de dé-si-gna-tion di-man-che

(1) On fera remarquer que les mots, depuis les plus longs jusqu'à ceux qui ne sont composés que d'une seule lettre, sont toujours séparés par un espace laissé en blanc; et que lorsqu'un mot n'a pas pu être terminé à la fin de la ligne, il y a un trait d'union qui indique que le reste se trouve au commencement de la ligne suivante.

de du do-ci-le dô-me du-pe dau-phin
dou-te den-te-lé dan-se din-don daim
dia-lo-gue con-dui-re dieu fa-tui-té
fe-nai-son fé-cu-le fê-te fi-gue fo-lie
fu-mée fai-re foi foi-re feu fou
fan-fa-ron fen-du fin faim fein-te
fon-du fio-le fui-te con-fian-ce foin
foui-ne ja-lou-sie je-ton jé-ré-mia-de
je jo-li ju-ge jau-ne joie jeu jou-jou
jan-te jam-be juin mo-ka ki-lo to-kai
ko-ran nan-kin le la là la-me la-by-
rin-the le-çon lé-ga-tai-re li-qui-de
lo-ca-li-té lu-ne lai-ne ba-lei-ne
bou-leau lou-pe loi lan-gue lam-pe
len-de-main lin me-lon lun-di pou-
lain lui lié-ge lieu lion me ma mâ-
tin mé-ri-te même mi-di moi mo-de
mu-ni-tion mai-son mau-di-re meu-te
mou man-chon men-son-ge min-ce
mon main té-moin ne na-tu-re ne-
veu né-go-ce ni-che no-tai-re nu-mé-
ro nei-ge nou-veau neu-viè-me non
nom nain nym-phe niè-ce nui-re

u-nion pa-ro-le pâ-tu-re pe-lo-te
pé-ché pê-che pi-pe po-li pu-ce
pei-ne pau-me peau peu poi-re pou-le
pan-tin pen-du-le pin-son pon-ceau
pom-pe pain pein-tu-re pié-ton pio-
che é-pui-sé pieu lam-pion ra-meau
râ-pe li-re ré-pon-se ré-u-nion ro-be
ru-se rai-son rei-ne roi tau-reau
rou-te ren-du ram-pe se-rin ron-de
rom-pu rui-ne Rhô-ne Rhin cu-rio-
si-té va-che ve-lu vé-ri-té vê-tu vie
vo-lon-té vue vei-ne veau ne-veu
vœu voi-là voû-te ven-te sa-von vin
vain vio-lon vian-de pha-lan-ge phi-
lo-so-phe phé-no-mè-ne phy-sio-no-
mie dau-phin si-phon ga-gné mon-
ta-gne ma-gni-fi-que i-gno-ran-ce
sei-gneu-rie mi-gnon a-gneau.

Ca-ba-ne Ca-ïn co-lè-re cu-pi-di-
té cau-se cou-ra-ge can-ton cam-pa-
gne con-te com-te cha-cun coin cui-re
ce ce-ci ce-la ce-lui ce-lui-ci ce-lui-là
ce-ri-se cé-le-ri ci-bou-le cy-gne cen-

tai-ne cein-tu-re fa-ça-de re-çu le-
çon ma-çon gâ-teau ga-la ci-go-gne
lé-gu-me gai gaie-té gau-che gou-lu
gan-se gam-ba-de gon-do-le gain gue-
non gué-ri-te gueu-le gui-gnon guin-
dé gé-né-ro-si-té ge-lée gê-ne gi-ra-fe
gen-ci-ve en-gin lé-gion geai gé-ô-le
man-geoi-re pi-geon l'ha-bi-tu-de
l'hé-ré-sie l'heu-re l'hu-ma-ni-té
l'hui-le la ha-che le hé-ron le hi-bou
la hai-ne qua-li-té que qui quoi
quoi-que qui-con-que quê-te queue
quan-tiè-me quin-te sa se soi son
sa-lon se-lon sé-dui-re si-len-ce so-
cié-té su-pé-rio-ri-té sau-ce seau
sou-pe sin-ge sain sein sui-te pen-
sion soin ti-sa-ne ai-se u-sé a-sile i-
so-lé cou-sin fu-sain bien-fai-san-ce
ti-son fu-seau jé-sui-te be-soin fu-sion
ta te tu toi ton ta-pa-ge te-na-ce
té-moin tê-te thé ti-ge ty-ran to-que
tu-li-pe tau-pe man-teau tei-gne tou-
pie tan-te ten-du tom-beau é-tain

tein-ture a-mi-tié tui-le sa-tié-té
mi-nu-tie na-tion pa-tien-ce mo-xa
lu-xe ta-xé lu-xu-re sa-xon xé-no-phon
ex-a-gé-ration ex-é-cu-tion ex-i-lé
ex-au-cé zi-za-nie on-ze zé-ro zo-ne
a-zu-ré zain on-ziè-me cha-meau
che-min tou-ché chi-ca-ne cho-se
chai-se chau-diè-re choi-si bou-chon
chan-son pill-a-ge paill-e taill-é
bouill-i pa-pill-o-te guill-au-me caill-
ou bouill-oi-re pa-pill-on au-dien-ce
pa-tien-ce sa-pien-ce fa-ïen-ce bien
mien rien pa-ri-sien chien pa-ïen.

Les deux exercices qui vont suivre ont besoin d'être précédés de quelques observations.

Lorsque les consonnes non consonnantes, qui ont fait le sujet de la 2ᵐᵉ leçon, entrent dans la composition des mots, elles n'ont que deux places possibles : ou elles suivent les voyelles, et alors elles terminent la syllabe, comme dans *sub-til, cap-tif, turc, busc ;* ou bien elles précèdent les consonnances pour former des doubles ou triples articulations, et alors elles commencent la syllabe, comme dans *pren-dre, plâ-tre, scri-be, splen-di-de.* Les syllabes peuvent aussi commencer et finir par des consonnes, comme dans *strict*, où la consonnance *ri* est précédée et suivie de deux consonnes.

Lorsque l'élève hésitera en lisant les mots de cette nature, on pourra les lui faire épeler, non pas par lettres, mais par sons tels qu'il les a appris dans les trois leçons. En voici des exemples : *cap-tif—ca,p, cap-ti,f, tif. Pren-dre—p,ren, pren-d,re, dre. Clair—c,lai,r, clair. Turc—tu,r,c, Turc. Strict—s,t,ri,c,t, strict. Eclaircir—e,c,lai,r,ci,r.*

On fera préliminairement observer que *e* sans accent n'est pas muet lorsqu'il est suivi d'une consonne qui appartient à sa syllabe. Il en est de même lorsqu'il est suivi d'une consonne double, parce que la première lui appartient lors même qu'elle ne se prononce pas. Il en est encore de même lorsqu'il est suivi de la consonne *x*, qui donne un double son : ainsi, *ex-il* est comme *eg-zil*, *sex-e* est comme *sec-se*. Il n'est pas muet non plus lorsqu'il est suivi de *ill* : *bou-teill-e, so-leil*. La consonne *s* finale fait seule exception, si ce n'est dans les monosyllabes *les, des, mes, tes, ses, ces, tu* &c.

2ᵐᵉ EXERCICE : *Mots composés de voyelles ou de consonnances suivies d'une ou de deux consonnes.*

ab-so-lu ob-jec-tion sub-til Ja-cob
ac-tif bac sac bec a-vec lec-tu-re

vic-toi-re ba-si-lic fic-tion noc-tur-ne
soc oc-ci-den-tal toc-sin suc duc bouc
zinc oc-ta-ve David sud ad-mi-ra-
tion ad-jonc-tion chef if vif soif Juif
ad-jec-tif re-lief naïf neuf veuf œuf
bœuf canif zig-zag é-nig-me joug
aug-men-té sug-géré bal-con al-cô-ve
cal-me jour-nal che-val si-gnal cor-
dial sel quel-que hô-tel ré-el ciel fiel
miel par-tiel par-tial il fil vil ex-il
vol col-za Es-pa-gnol é-pa-gneul ul-
cè-re cul-ti-va-teur sul-tan gym-
na-se ap-ti-tu-de ac-cep-té cap soup-
çon coq cinq ar-me bar-be far-deau
gour-man-di-se gar-çon guir-lan-de
jar-din jour lar-me mar-ché mer
par-don mi-gnar-dise er-mi-te ber-
ceau ver fer hier hi-ver can-cer en-fer
a-mer Ju-pi-ter su-bir bon-dir in-fir-me
a-gir pâ-lir é-lar-gir lan-gueur mar-
tyr vir-gu-le bor-ne cor-don or dor-
mir o-bé-ir for-tune mor-tel por-te
sor-tir tor-du dur bur-les-que fur-

tif mur pur a-zur air fer-moir noir soir bou-geoir ar-deur cœur man-geur lon-gueur lar-geur leur hu-meur vain-queur peur sœur au-teur sa-veur bo-xeur taill-eur mar-cheur sei-gneur la-bour cour four-mi jour a-mour pour-quoi sour-ce tour cas-tor fas-te jas-min gas-con bas-cule mas-tic pas-teur vas-te chas-te bes-tial des-tin es-ti-me fes-tin es-tur-geon, fu-nes-te ges-te les-te pes-te ques-tion res-te tes-ta-teur ves-te zes-te bis-cor-nu dis-tan-ce fis-cal pis-ta-che lis mys-tè-re ris-que so-phis-me his-toi-re Bos-ton cos-tu-me pos-te bus-te jus-te mus-ca-de rus-ti-que caus-ti-que fat net su-bit at-las dot ut mix-tion bo-rax ex-il phé-nix linx ex-pé-rien-ce gar-dien Rho-dèz Suèz ail por-tail so-leil cil deuil seuil fe-nouil Jo-seph diph-thon-gue com-pact ex-act as-pect sus-pect suc-cinct arc mars ours serf busc Turc fisc ou-est co-balt rapt.

3ᵐᵉ Exercice : *Mots composés de consonnances précédées d'une ou de deux consonnes, formant des doubles ou triples articulations.*

bla-ma-ble blé blê-me ou-bli blo-qué blu-toir blai-reau bleu ta-bleau blouse blan-chir trom-blon cla-meur clé mi-ra-cle clé-men-ce clo-che é-clu-se é-clair-cir clai-ron cloi-son clou en-clin clien-tè-le fla-con sou-fle flé-chir flo-con flû-te fleur Flan-dre flam-beau gla-ce on-gle é-tran-glé glo-be glu glai-se gloi-re glou-ton glan-de pla-ce peu-ple plé-ni-tude dé-plo-ra-ble plume plai-sir pleur plau-si-ble em-ploi plan-che plain-te plon-geon plein pluie bra-ve sa-bre Bré-sil bri-de bro-che brun bru-ne brai-se breu-vage bran-che brin é-brui-té bron-se cra-va-te crâ-ne en-cre cré-du-le cri cro-che cru-che croi-re croî-tre crou-pir cram-pe crin crain-dre dra-peau la-dre pou-dré ma-dri-gal dro-madai-re dru droi-tu-re ca-dran chau-dron fra-gi-le gau-fre fré-mir frè re fri-re fro-ma-ge fru-gal frai-se frau-de froi-du-re fran çai-se fran-çoi-se frein fron-tal gra-din gre-na-de mal-gré grê-le Grec gri-son gro-gnon gru-geur grai-ne grou-pe gran-dir cha-grin gron-deur grain pra-ti-que pro-pre pré prê-tre pri-son pru-ne preu-ve prou-vé lam-proie prai rie pren-dre em-prun-teur prin-ce tra-vail pou-tre no-tre vo-tre nô-tre vô-tre tré-sor ex-trê-me tri-bu-ne tric-trac tro-teur tru-meau traî-tre trei-ze oc-troi trou-blé thé-â-tre tran-che trem-bleur train ins-trui-re dis-trac-tion ou-vra-ge pau-vre na-vré a-vril i-vro-gne che-vreau che-vron phra-se cam-phre phré-né-sie phry-gien sbi-re sca-pin scor-pion sculp-teur scan-da-le sla-ve spas-me spé-cial spec-tre spi-ra-le spo-lia-teur spon-ta-né sta-tue stag-na-tion jus-ti-ce sté-ri-le sti-mu-la-tion sty-le sto-ï-que stan-ce stu-pi-de stan-tor svel-te sphè-re sphinx psal-mo-die pso-ri-que psau-me pseu-do-ny-me gno-mo-ni-que mné-mo-ni-que sclé-ro-ti-que scri-be scru-pu-le splen-deur stra-pon-tin stré-litz strict struc-tu-re stro-phe ab-strac-tion ob-struc-tion stran-gu-la-tion in-scrip-tion.

CAS PARTICULIERS QUI N'ONT PU ENTRER DANS LES TROIS LEÇONS.

Consonnes doubles dont la première ne se prononce pas.

a-bbé a-cca-blé a-cco-la-de a-ccu-sé o-ccu-pa-tion o-ccul-te a-ccom-pa-gné a-ffa-ble a-ccla-ma-tion é-to-ffe a-ccro-ché a-ffi-che o-ffus-qué a-fflu-en-ce a-ffran-chir co-ffre a-ggra-vé a-gglo-mé-ré vi-lla-ge A-lle-ma-gne a-llu-re co-llé-ge co-lli-ne vi-lle

mi-lle mi-llion po-mme ho-mme ho-
mma-ge so-mmeil ca-nne to-nneau
co-nnaî-tre a-ppa-ren-ce gra-ppe
a-ppel o-ppo-si-tion a-ppui su-ppli-ce
a-ppren-dre ba-rri-è-re a-rres-ta-
tion a-rra-ché a-rro-gan-ce a-rro-soir
ba-rreau ja-rre-tiè-re a-ssa-ssin
cha-sse a-ssi-dui-té a-ssor-ti a-ssu-
ran-ce poi-sson pui-ssan-ce co-mmis-
sion a-tta-que bo-tte a-tti-tu-de
a-tten-tion a-ttein-dre a-ttris-té
qui-ttan-ce a-cqui-tté a-cqui-si-tion
a-cqué-rir sceau scè-ne scep-tre scie
scien-ce sci-ssion ec-clé-sia-stique
ef-froi ef-fa-cé el-le cel-le bel-le en-
ne-mi es-sen-tiel es-saim pier-re
ter-re ver-re ter-rain met-tre trom-
pet-te sel-let-te sque-let-te ser-pet-te
a-cquies-cé.

Consonnes doubles dont la première appartient
à la voyelle qui précède et se prononce.

ac-cé-lé-ré ac-ci-den-tel ad-di-tion

sug-ges-tion al-lé-go-rie col-la-té-ral
mé-tal-li-que al-lo-cu-tion al-lu-sion
il-lus-tre scin-til-la-tion im-mor-tel
am-mo-nia-que an-nal an-nex-e en-
nui er-reur hor-ri-ble ir-ré-vo-ca-ble.

Mots dans lesquels les consonnes finales ne se prononcent pas.

(b) plomb.
(c) ta-bac es-to-mac cric es-croc
   clerc banc blanc flanc franc jonc
   tronc.
(d) pied nid laid froid chaud é-cha-
   faud ni-gaud cra-paud muid
   nœud quand grand gland friand
   mar-chand va-ga-bond fé-cond
   pro-fond gond rond lard ca-nard
   re-nard gaill-ard ha-sard vieill-ard
   nord a-bord dis-cord lourd sourd.
(f) neuf *francs*, cerf-*volant*, *les* œufs,
   les bœufs.
(g) rang sang é-tang ha-reng long
   poing fau-bourg.

(*l*) fu-sil per-sil gen-til ou-til gril ba-ril.
(*p*) drap si-rop trop ga-lop beau-coup loup camp champ.
(*q*) cinq *francs*, coq *d'Inde*.
(*r*) mon-sieur bar-bier a-cier gre-na- dier es-ta-fier ca-hier é-co-lier pre-mier der-nier pa-pier per-ru- quier poi-rier bour-sier bra-sier cu-vier tom-ber pla-cer gar-der chau-ffer lo-ger par-ler ai-mer or-ner trom-per mar-quer pleu- rer ver-ser pui-ser por-ter prou- ver bo-xer ma-cher pa-ra-pher ber-ger bou-lan-ger bou-cher ro- cher con-seill-er.
(*s*) bas cas li-las a-mas ca-de-nas re- pas ver-glas em-ba-rras bras gras dé-cès suc-cès con-grès près les des mes tes ses ces, *tu* es, bre-bis pa-ra-dis lo-gis mar-quis sou-ris gris mé-pris nos vos dos os re-pos dis-pos gros a-bus con-fus ver-jus

2.

ca-mus re-clus jé-sus de-ssus
de-ssous An-glais Fran-çais jamais é-pais ma-rais mau-vais bois
pois cha-mois bour-geois Chi-nois
nous vous sous dans buis de-puis
vers re-vers tiers aill-eurs dis-
cours se-cours.

(*t*) com-bat a-vo-cat nou-gat or-geat
gou-jat in-grat chat rat et bau-det
pré-fet jet bou-quet juill-et dis-
cret muet mau-dit pro-fit lit nuit
cir-cuit pe-tit es-prit fruit sa-bot
a-bri-cot ma-got ca-hot ba-llot
mot ca-not pot bien-tôt dé-but
ba-hut sa-lut bien-fait sou-hait
lait por-trait dé-faut haut saut ar-
ti-chaut toit droit é-troit bout
tout art rem-part con-cert ex-pert
dé-sert dé-ssert cou-vert ef-fort
mort tort trans-port sort ad-ju-
dant en-fant en-ga-geant brill-ant
chant é-lé-phant sa-vant men-
diant né-ant ac-ci-dent cent ar-

gent on-guent frag-ment pa-tient o-rient, il vient, il tient, pont, front dont saint peint point ad-joint.
(x) prix per-drix flux paix aux faux chaux noix voix poix choix croix houx doux ja-loux é-poux roux eux ceux gra-cieux a-ffreux fa-meux gueux vieux heu-reux yeux fu-rieux su-per-sti-tieux mi-nu-tieux.
(z) nez riz (ch) al-ma-nach.

Mots dans lesquels les deux dernières consonnes ne se prononcent pas.

ins-tinct poids fonds re-mords, *les* nerfs, *les* œufs, *les* bœufs legs doigt vingt pouls corps temps puits faulx prompt ex-empt Jé-sus-Christ, *il* est.

OBSERVATIONS : *d* final ne se prononce que dans le mot *sud* et dans les noms propres : *David*, *Alfred*. Les consonnes finales *g*, *p*, *s*, *t*, *x*, *z* ne se prononcent que dans un très-petit nombre de mots ; *f* et *l* se prononcent, au contraire, presque toujours. La consonne *r* se prononce aussi toujours, excepté dans les mots qui finissent par er, si ce n'est dans les mots suivants : ver, fer, mer, hier, en-fer, hi-ver, can-cer, a-mer, Ju-pi-ter.

Les consonnes s et x qui indiquent le pluriel, ainsi que celles qui terminent les personnes des temps des verbes, ne se prononcent pas.

les ro-ses dou-bles, les bel-les fem-mes les beau-tés tou-chan-tes, les fleurs brill-an-tes, les gran-des per-so-nnes, les bons nu-mé-ros, les bons tra-vaill-eurs, les rois cé-lè-bres, les bains chauds, les pre-miers be-soins, les che-vaux ré-tifs, les jeux flo-raux, vœux li-bé-raux, oi-seaux rares, beaux bi-joux, frê-les ro-seaux, vos jeu-nes ne-veux.

je suis, tu es, il est, nous sommes, vous ê-tes, ils sont, tu as, tu au-ras, ils ont, nous eû-mes, é-tant, ay-ant, j'é-cris, tu re-çois, il par-lait, je peux, tu veux, il veut, nous ai-mons, vous donnez, vous di-tes, vous fai-tes, ils ai-ment, ils vi-vent, ils marchaient, ils par-le-ront, vous chan-tiez, vous re-ce-vrez, vous li-riez, ils li-raient, vous au-riez fait, vous se-riez tou-chés, el-les se-raient gron-dées, fi-nis, fini-ssons, fi-ni-ssez.

EXCEPTIONS.

Lettres qui changent leur prononciation.

(s pour z)   Al-sa-ce, bal-sa-mi-ne, tran-si-ger, tran-sac-tion.
(c pour g)   se-cond, se-con-der.
(g pour c)   bourg, gan-grè-ne.
(x pour s)   six, dix, di-xiè-me, deu-xiè-me, si-xain.
(x pour ss) Au-xer-re, Bru-xel-les.
(qu pour cou) qua-dru-ple, qua-cre, a-qua-ti-que, é-qua-teur.
(qu pour cu) é-qui-ta-tion, quin-tu-ple, é-ques-tre.

(gui *pour* guï) ai-guill-e, on-gui-cu-lé, am-bi-gui-té.

(ch *pour* c) Mu-nich, S. Roch, chlo-re, chré-tien, christ, chro-ni-que, chry-sa-li-de, cha-os, or-ches-tre, é-cho, chœur, ar-change.

(y *pour* ii) pays, pay-san, ray-on, voy-a-ge, roy-au-me, moy-en, moy-eu, ci-toyen, ap-puy-é.

(e *pour* a) femme, ar-dem-ment, in-dem-ni-té, so-lem-nel, moel-le.

(en *pour* in) ben-join, ben-jamin.

(u *pour* o) punch, rumb, rum, o-pium, dé-co-rum.

(e *pour* eu) cer-cueil, re-cueil, or-gueil, œil.

(on *pour* o) mon-sieur.

Lettres qui ne se prononcent pas dans le corps de quelques mots.

a *dans* Saô-ne, ta-on.

SYLLABAIRE.

e *dans* Caen, Jean, a-jeun, a-sseoir, paie-ment.
o *dans* faon, paon, Laon.
l *dans* fils.
m *dans* dam-né, au-tomne.
p *dans* bap-tê-me, ex-emp-ter, promp-ti-tu-de, sept.
t *dans* Metz.

Liaison des mots.

(b) ro-be é-cour-tée.   ro-bé-cour-tée.
Na-bab in-dien.   Na-ba-bin-dien.
plomb en fu-sion.   *ne se lie pas.*
(c) for-ce ar-mée.   for-çar-mée.
roc es-car-pé.   ro-kes-car-pé.
ta-bac en pou-dre.   *ne se lie pas.*
(d) re-mè-de ir-ri-tant.   re-mè-dir-ri-tant.
Al-fred en-fant.   Al-fré-den-fant.
grand ho-mme.   gran-tho-mme.
ca-nard en-vo-lé.   ca-na-ren-vo-lé.
nœud in-di-sso-lu-ble.   *ne se lie pas.*
(f) é-to-ffe u-sée.   é-to-ffu-sée.
ex-pé-di-tif en be-so-gne.   ex-pé-di-ti-fen be-so-gne.
(g) ou-vra-ge a-che-vé.   ou-vra-gea-che-vé.
ba-gue or-née.   ba-gor-née.
joug in-to-lé-ra-ble.   jou-guin-to-lé-ra-ble.

rang é-le-vé.	ran-ké-le-vé.
é-tang em-poi-sso-nné.	*ne se lie pas.*
(*l*) mo-dè-le à sui-vre.	mo-dè-là-sui-vre.
mal i-né-vi-ta-ble.	ma-li-né-vi-ta-ble.
fu-sil ar-mé.	*ne se lie pas.*
(*m*) cri-me in-fâ-me.	cri-min-fâ-me.
I-bra-him é-gyp-tien.	I-bra-hi-mé-gyp-tien.
nom in-co-nnu.	*ne se lie pas.*
(*n*) Rei-ne a-do-rée.	rei-na-do-rée.
hy-men a-ccom-pli.	hy-mé-na-ccom-pli.
un en-fant.	un nen-fant.
en hi-ver, en é-té.	en nhi-ver, en né-té.
bon a-mi.	bo-na-mi.
bien or-do-nné.	bien nor-do-nné.
un bien en-ga-gé.	*ne se lie pas.*
vin bon à boi-re.	*ne se lie pas.*
(*p*) tau-pe a-veu-gle.	tau-pa-veu-gle.
trop ar-dent.	tro-par-dent.
drap u-sé, loup en-ra-gé.	*ne se lie pas.*
(*q*) mar-que in-dé-lé-bi-le.	mar-quin-dé-lé-bi-le.
cinq en-fants.	cin-quen-fants.
(*r*) pè-re in-dul-gent.	pè-rin-dul-gent.
ai-mer à chan-ter.	ai-mé-ra-chan-ter.
por-tier in-dis-cret.	*ne se lie pas.*
(*s*) dan-se ai-sée.	dan-sai-sée.
ru-se in-fer-na-le.	ru-zin-fer-na-le.
lis é-lé-gant.	li-cé-lé-gant.
plus ai-ma-ble.	plu-zai-ma-ble.
les uns et les au-tres.	lé-zun-zet lé-zau-tres.
li-las en fleur.	*ne se lie pas.*
(*t*) por-te ou-verte.	por-tou-ver-te.
dot en im-meu-bles.	do-ten-nim-meu-bles.

SYLLABAIRE.

      pe-tit en-fant.   pe-ti-ten-fant.
      vingt ans.   vin-tans.
      com-bat o-pi-niâ-tre. *ne se lie pas.*
(*x*) lu-xe in-so-lent.   lu-xin-so-lent.
      lynx a-ni-mal.   lyn-xa-ni-mal.
      fâ-cheux ac-ci-dent.   fâ-cheu-zac-ci-dent.
      prix a-ccor-dé.   *ne se lie pas.*
(*z*) on-ze heu-res.   on-zheu-res.
      vous ai-mez en-co-re. vou-zai-mé-zen-co-re.
      riz au lait, nez au vent. *ne se lie pas.*
(*gn*) cam-pa-gne a-gré-a-ble. cam-pagna-gré-a-ble.
(*ch*) bou-che ou-ver-te.   bou-chou-ver-te.
(*ph*) phi-lo-so-phe or-gueill- phi-lo-so-phor-
      eux.   gueill-eux.
      vé-ri-ta-ble a-mi-tié.   vé-ri-ta-bla-mi-tié.
      spec-ta-cle a-ffreux.   spec-ta-cla-ffreux.
      ar-bre a-rra-ché.   ar-bra-rra-ché.
      en-cre in-dé-lé-bi-le. en-crin-dé-lé-bi-le.
      pac-te o-ffen-sif.   pa-cto-ffen-sif.

L'apostrophe.

l'a-mi, l'é-toi-le, l'i-ma-ge, l'oi-seau, l'u-nion, l'on, l'un l'au-tre, d'ar-gent, d'or, d'un, d'u-ne d'au-tre, d'y, qu'il, qu'elle, qu'un, qu'u-ne, qu'est-ce ? j'ai-me, il t'ai-me, tu l'ai-mes, il m'ai-me, il s'ai-me, il n'ai-me, c'est, s'est, s'il, j'y, t'y, s'y, l'y, m'y, n'y, lors-qu'il, puis-qu'el-le, quoi-qu'on, quel-qu'un, en-tr'au-tres, etc.

Signes de la ponctuation.

Le point . . . . (.) Le point d'interrogation.(?)
La virgule . . . . . . (,) Le trait d'union. . . . (-)
Le point et virgule. (;) La parenthèse. . . . . ( )
Les deux points . . . (:) Les guillemets . . . . « »
Le point d'exclamation (!)

Note.—Dans les langues où toutes les lettres qui composent les mots se prononcent, comme dans le latin, la transition du syllabaire à la lecture des phrases est toute simple et naturelle; mais il n'en est pas de même du français, dans lequel les *s* et *x* qui marquent le pluriel ne se prononcent pas, non plus que les *s*, *z*, *t*, *nt*, *ent*, qui terminent les personnes des temps des verbes. Il s'y rencontre en outre une multitude de mots dans lesquels la consonne qui les termine, et même quelquefois les deux dernières, ne se prononcent également pas. Il est impossible de présenter la moindre phrase sans que quelques-unes de ces circonstances ne s'y rencontrent; de sorte que l'embarras de l'élève ne laisse pas d'être grand lorsqu'il passe immédiatement du syllabaire à la lecture des phrases. On obvie à cet inconvénient en lui faisant lire d'abord des mots choisis, de manière à lui présenter successivement ce qu'il a appris dans les trois leçons, et ensuite les différentes exceptions.

PRIÈRES.

Au nom du Père, et du Fils, et du Saint-Esprit. Ain-si soit-il.

O-RAI-SON DO-MI-NI-CA-LE.

No-tre Pé-re qui ê-tes aux cieux, que vo-tre nom soit san-cti-fié; que votre rè-gne a-rri-ve; que vo-tre vo-lon-té soit fai-te en la ter-re com-me au Ciel. Do-nnez-nous au-jour-d'hui no-tre pain quo-ti-dien; et par-don-nez-nous nos o-ffen-sés co-mme nous par-do-nnons à ceux qui nous ont o-ffen-sés; et ne nous a-ban-do-nnez-pas à la ten-ta-tion, mais dé-li-vrez-nous du mal. Ain si soit-il.

SA-LU-TA-TION AN-GÉ-LI-QUE.

Je vous sa-lue, Ma-rie, plei-ne de grâ-ce; le Sei-gneur est a-vec vous; vous êtes bé-nie en-tre tou-tes les fem-mes, et Jé-sus le fruit de vos en-trail-les est bé-ni.

Sain-te Ma-rie, mè-re de Dieu, pri-ez pour

nous pau-vres pé-cheurs main-te-nant et à l'heu-re de no-tre mort. Ain-si-si soit-il.

SYM-BO-LE DES A-PO-TRES.

Je crois en Dieu le père Tout-Pui-ssant, cré-a-teur du ciel et de la ter-re, et en Jé-sus-Christ, son Fils u-ni-que, No-tre-Sei-gneur, qui a é-té con-çu du Saint-Es-prit, est né de la Vier-ge Ma-rie, a sou-ffert sous Pon-ce Pi-la-te, a é-té cru-ci-fié, est mort et a é-té en-se-ve-li, est des-cen-du aux en-fers, le troi-siè-me jour est res-su-cité des morts, est mon-té aux cieux, est a-ssis à la droite de Dieu le Pè-re Tout-Puis sant, d'où il vien-dra ju-ger les vi-vants et les morts.

Je crois au Saint-Esprit, la Sain-te E-gli-se ca-tho-li-que, la co-mmu-nion des saints, la ré-mi-ssion des pé-chés, la ré-su-rrec-tion de la chair, la vie é-ter-nel-le. Ain-si soit-il.

CON-FES-SION DES PÉ-CHÉS.

Je con-fes-se à Dieu tout-pui-ssant, à la bien-heu-reu-se Ma-rie tou-jours Vier-ge, à S. Mi-chel Ar-chan-ge, à S. Jean-Bap-tis-te, aux saints a-pô-tres Pier-re et Paul, à tous les saints, que j'ai beau-coup pé-ché par pen-sées, par pa-ro-les et par ac-tions : c'est ma fau-te, c'est ma fau-te, c'est ma très-grande fau-te; c'est pour-quoi je prie la bien-heu reu-se Marie tou-jours Vier-ge, S. Mi-chel Ar-chan-ge, S. Jean-Bap-tis-te, les saints a-pô-tres Pier-re et Paul et tous les Saints de prier pour moi le Sei-gneur no-tre Dieu.

ACTE D'ADORATION, DE FOI, D'ESPÉRANCE ET D'AMOUR.

Je vous adore, ô mon Dieu ! avec la sou-mission que m'inspire la présence de votre souveraine grandeur. Je crois en vous, parce que vous êtes la vérité même. J'espère en vous, parce que vous êtes infiniment bon. Je vous aime de tout mon cœur, parce que vous êtes souverainement aimable; et j'aime le prochain comme moi-même pour l'amour de vous.

ACTIONS DE GRACES.

Quelles actions de grâces vous rendrai-je, ô mon Dieu ! pour tous les biens que j'ai reçus de vous? Vous avez songé à moi de toute éternité ; vous m'avez tiré du néant; vous avez donné votre vie pour me racheter, et vous me comblez encore tous les jours d'une infinité de faveurs. Hélas! Seigneur, que puis-je faire en reconnaissance de tant de bontés? Joignez-vous à moi, Esprits bienheureux, pour louer le Dieu des miséricordes qui ne cesse de faire du bien à la plus indigne et la plus ingrate de ses créatures.

DEMANDE A DIEU DES GRACES QUI NOUS SONT NÉCESSAIRES.

Mon Dieu, vous connaissez ma faiblesse. Je ne puis rien sans le secours de votre grâce. Ne me la refusez pas, ô mon Dieu! proportionnez-là à mes besoins; donnez-moi assez de force pour éviter tout le mal que vous défendez, pour pratiquer tout le bien que vous attendez de moi, et pour souffrir patiemment toutes les peines qu'il vous plaira de m'envoyer.

PRIÈRE A JÉSUS-CHRIST.

Adorable Jésus, divin modèle de la perfection à laquelle nous devons aspirer, je vais m'appliquer autant que je le pourrai à me rendre semblable à vous, doux, humble, chaste, zélé, patient, charitable et résigné comme vous. Et je ferai particulièrement tous mes efforts pour ne pas retomber aujourd'hui dans les fautes que je commets si souvent, et dont je souhaite sincèrement de me corriger.

PRIÈRE AU SAINT-ESPRIT.

Esprit saint, principe adorable de l'adoption divine, soyez aussi le principe de ma vie, de mes actions, de mes désirs et de tous les mouvements de mon cœur, afin qu'ils soient dignes d'un enfant de Dieu et d'un membre de Jésus-Christ.

INVOCATION A LA SAINTE VIERGE.

Sainte Vierge, mère de Dieu, ma mère et ma patronne, je me mets sous votre protection, et je me jette avec confiance dans le sein de votre miséricorde. Soyez, ô mère de bonté, mon refuge dans mes besoins, ma consolation dans mes peines, et mon avocate auprès de votre adorable fils, aujourd'hui, tous les jours de ma vie, et particulièrement à l'heure de ma mort.

PRIÈRE A L'ANGE GARDIEN.

Ange du Ciel, mon fidèle et charitable

guide, obtenez-moi d'être si docile à vos inspirations, et de régler si bien mes pas, que je ne m'écarte en rien de la voie des commandements de mon Dieu.

PRIÈRE AU SAINT PATRON.

Grand saint dont j'ai l'honneur de porter le nom, protégez-moi, priez pour moi, afin que je puisse servir Dieu comme vous sur la terre, et le glorifier éternellement avec vous dans le Ciel. Ainsi soit-il.

LES COMMANDEMENTS DE DIEU.

Un seul Dieu tu adoreras,
Et aimeras parfaitement.
Dieu en vain tu ne jureras
Ni autre chose pareillement.
Les dimanches tu garderas,
En servant Dieu dévotement.
Tes père et mère honoreras,
Afin de vivre longuement.
Homicide point ne seras,
De fait ni volontairement.
Luxurieux point ne seras,
De corps ni de consentement.
Le bien d'autrui tu ne prendras,
Ni retiendras à ton escient.

Faux témoignage ne diras,
Ni mentiras aucunement.
L'œuvre de chair ne désireras,
Qu'en mariage seulement.
Biens d'autrui ne convoiteras,
Pour les avoir injustement.

LES COMMANDEMENTS DE L'ÉGLISE.

Les Fêtes tu sanctifieras,
Qui te sont de commandement.
Les Dimanches messe ouïras,
Et les Fêtes pareillement.
Tous tes péchés confesseras
A tout le moins une fois l'an.
Ton créateur tu recevras
Au moins à Pâques humblement.
Quatre-temps, vigiles jeûneras,
Et le Carême entièrement.
Vendredi chair ne mangeras,
Ni le samedi mêmement.

ENFANCE DE JÉSUS.

L'ange Gabriel fut envoyé de Dieu dans une ville de Galilée appelée Nazareth, à une vierge qu'un homme de la maison de David, nommé Joseph, avait épousée ; et cette vierge s'appelait MARIE. L'ange étant entré où elle était, lui dit : « Je vous salue, ô pleine de grâce ; le Seigneur est avec vous : vous êtes bénie entre toutes les femmes. » Mais elle l'ayant entendu, fut troublée de ses paroles, et elle pensait en elle-même quelle pouvait être cette salutation. L'ange lui dit : « Ne craignez point, Marie ; car vous avez trouvé grâce devant Dieu. Vous concevrez dans votre sein, et vous enfanterez un fils à qui vous donnerez le nom de Jésus. Il sera grand et sera appelé le fils du Très-Haut ; le seigneur Dieu lui donnera le trône de David, son père ; il régnera éternellement sur la maison de Jacob, et son règne n'aura point de fin. » Alors Marie dit à l'ange : « Comment cela se fera-t-il ? car je ne connais point d'homme. » L'ange lui répondit : « Le Saint-Esprit surviendra en vous, et la vertu du Très-Haut vous couvrira de son ombre ; c'est pourquoi le fruit saint qui naîtra de vous sera appelé le fils de Dieu...... » Alors Marie lui dit : « Voici la servante du Seigneur ; qu'il me soit fait selon votre parole. » Ainsi l'ange se sépara d'elle.

Lorsque le temps fut venu on publia un édit de César-Auguste, pour faire un dénombrement des habitants de toute la terre..... Et comme tous allaient se faire enregistrer chacun dans sa ville, Joseph partit aussi de la ville de Nazareth, qui est en Galilée, et vint en Judée à la ville de David, appelée Bethléhem, parce qu'il était de la maison et de la famille de David, afin de se faire enregistrer avec Marie, son épouse, qui était grosse. Pendant qu'ils étaient là il arriva que le temps auquel elle devait accoucher s'accomplit; et elle enfanta son fils premier-né, et l'ayant emmaillotté, elle le coucha dans une crèche, parce qu'il n'y avait pas de place pour eux dans l'hôtellerie.

Or, il y avait aux environs des bergers qui passaient la nuit dans les champs, veillant tour-à-tour à la garde de leur troupeau. Tout d'un coup un ange du Seigneur se présenta à eux, et une lumière divine les environna, ce qui les remplit d'une extrême crainte. Alors l'ange leur dit : « Ne craignez point, car je viens vous apporter une nouvelle qui sera pour tout le peuple le sujet d'une grande joie : c'est qu'aujourd'hui, dans la ville de David, il vous est né un sauveur, qui est le CHRIST, le Seigneur. Voici la marque à laquelle vous le reconnaîtrez : vous trouverez un enfant emmailloté, couché dans une crèche. » Au même instant il se joignit à l'ange une grande troupe de l'armée céleste, louant Dieu et disant : « Gloire à Dieu, au plus haut des Cieux, et paix sur la terre aux hommes chéris de Dieu ! »

Après que les anges se furent retirés dans le Ciel, les bergers se dirent l'un à l'autre : «Passons jusqu'à Bethléhem et voyons ce qui est arrivé, et ce que le Seigneur nous a fait connaître. » S'étant donc hâtés d'y aller, ils trouvèrent Marie et Joseph, et l'enfant couché dans une crèche. Et l'ayant vu, ils reconnurent la vérité de ce qui leur avait été dit touchant cet enfant. Tous ceux qui l'entendirent admirèrent ce qui leur avait été rapporté par les bergers. Or Marie conservait toutes ces choses en elle-même, les repassant dans son cœur. Les bergers s'en retournèrent, glorifiant et louant Dieu de toutes les choses qu'ils avaient entendues et vues, selon qu'il leur avait été dit.

Le huitième jour, où l'enfant devait être circoncis, étant arrivé, il fut nommé Jésus, qui était le nom que l'ange avait annoncé avant qu'il fût conçu dans le sein de sa mère.

Le temps de la purification de Marie étant accompli, d'après la loi de Moïse, ils le portèrent à Jérusalem pour le présenter au Seigneur, selon qu'il est écrit dans la loi : « Tout enfant mâle premier-né sera consacré au Seigneur ; et aussi afin de donner ce qui devait être offert en sacrifice, deux tourterelles, ou deux petits de colombes. »

Or, il y avait dans Jérusalem un homme juste et craignant Dieu, nommé Siméon, qui vivait dans l'attente de la consolation d'Israël, et le Saint-Esprit était en lui. Il lui avait été révélé par le Saint-Esprit qu'il ne mourrait point avant qu'il n'eût vu le Christ du Seigneur. Il vint donc au temple par un mouvement de l'esprit de Dieu, et comme le père et la mère de l'enfant Jésus l'y portaient, afin d'accomplir pour lui ce que la loi avait ordonné, il le prit entre ses bras et bénit Dieu en disant : « C'est maintenant, Seigneur, que vous laisserez mourir en paix votre
» serviteur, selon votre parole, puisque mes
» yeux ont vu le Sauveur que vous nous donnez
» et que vous destinez pour être exposé à la vue
» de tous les peuples, comme la lumière qui
» éclaire les nations, et la gloire d'Israël, votre
» peuple. »

Le père et la mère de Jésus étaient dans l'admiration des choses qu'on disait de lui, et Siméon les bénit et dit à Marie, sa mère : « Cet
» enfant est pour la ruine et pour la résurrec-
» tion de plusieurs dans Israël, et pour être en
» butte à la contradiction des hommes, jusque
» là que votre âme même sera percée comme

3.

» par une épée, afin que les pensées cachées
» dans le cœur de plusieurs soient découvertes. »

Il y avait aussi une prophétesse nommée Anne, fille de Phanuel, de la tribu d'Aser, qui était veuve et âgée de quatre-vingt-quatre ans, et elle demeurait sans cesse dans le temple, servant Dieu jour et nuit dans les jeûnes et dans les prières. Etant donc survenue en ce même instant elle se mit aussi à louer le Seigneur et à parler de lui à tous ceux qui attendaient la rédemption d'Israël.

Quelque temps après la naissance de Jésus, lorsque le roi Hérode régnait en Judée, des mages vinrent de l'orient à Jérusalem, et ils demandèrent : « Où est le roi des Juifs, qui est nouvellement né ? car nous avons vu son étoile en orient, et nous sommes venus l'adorer. » Ce que le roi Hérode ayant appris il en fut troublé, et toute la ville de Jérusalem avec lui. Ayant assemblé tous les princes des prêtres et les scribes ou docteurs du peuple, il s'enquit d'eux où devait naître le CHRIST. Ils lui dirent que c'était dans Bethléhem, de la tribu de Juda, selon ce qui a été écrit par le prophète : « Et toi, Bethléhem, terre de Juda, tu n'es pas la dernière d'entre les principales villes de Juda, car c'est de toi que sortira le chef qui conduira mon peuple d'Israël. » Alors Hérode ayant fait venir les mages en particulier, s'enquit d'eux avec grand soin du temps auquel l'étoile leur était apparue ; et les envoyant à Bethléhem, il leur dit : « Allez, informez-vous exactement de cet enfant, et lorsque vous l'aurez trouvé, faites-le moi savoir, afin que j'aille aussi moi-même l'adorer. »

Ayant entendu ces paroles du roi ils partirent ; et en même temps l'étoile qu'ils avaient vue en orient allait devant eux, jusqu'à ce qu'étant arrivée sur le lieu où était l'enfant, elle s'y arrêta. Lorsqu'ils virent l'étoile ils furent transportés d'une extrême joie ; et entrant dans la maison, ils trouvèrent l'enfant avec Marie, sa mère ; ils se prosternèrent en terre et l'adorèrent : puis ouvrant leurs trésors, ils lui offrirent pour présens de l'or, de l'encens et de la myrrhe. Ayant reçu, pendant qu'ils dormaient, un avertissement du ciel de ne point aller retrouver Hérode, ils s'en retournèrent dans leur pays par un autre chemin.

Après que les mages furent partis un ange du Seigneur apparut à Joseph pendant qu'il dormait, et lui dit : « Levez-vous, prenez l'enfant et sa mère, fuyez en Egypte, et demeurez-y jusqu'à ce que je vous dise d'en revenir ; car Hérode cherchera l'enfant pour le faire mourir. Joseph s'étant levé, prit l'enfant et sa mère durant la nuit, et se retira en Egypte, où il demeura jusqu'à la mort d'Hérode, afin que cette parole que le Seigneur avait dite par le prophète fût accomplie : « J'ai rappelé mon fils de l'Egypte. »

Hérode voyant que les mages s'étaient moqués de lui, entra dans une grande colère, et il envoya tuer dans Béthléhem et dans tout le pays d'alentour tous les enfants âgés de deux ans et au-dessous, selon le temps dont il s'était enquis exactement des mages.

Hérode étant mort, un ange du Seigneur apparut à Joseph, en Egypte, pendant qu'il dormait, et lui dit : « Levez-vous, prenez l'enfant et sa mère, et retournez dans le pays d'Israël, car ceux qui cherchaient l'enfant pour lui ôter la vie sont morts. » Joseph s'étant levé, prit l'enfant et sa mère, et se mit en chemin pour revenir dans le pays d'Israël. Mais ayant appris qu'Archélaüs régnait en Judée, en la place d'Hérode, son père, il appréhenda d'y aller ; et ayant reçu, pendant qu'il dormait, un avertissement du Ciel, il se retira dans la Galilée, et vint demeurer dans une ville appelée Nazareth, afin que cette prédiction des prophètes fût accomplie : « Il sera appelé Nazaréen. »

Cependant l'enfant croissait et se fortifiait, étant rempli de sagesse, et la grâce de Dieu était en lui. Son père et sa mère allaient tous les ans à Jérusalem, à la fête de Pâque. Lorsqu'il fut âgé de douze ans, ils y allèrent, selon ce qu'ils avaient accoutumés, au temps de la fête

Quand les jours de la fête furent passés, lorsqu'ils s'en retournaient, l'enfant Jésus demeura dans Jérusalem, sans que son père ni sa mère s'en aperçussent. Pensant qu'il serait avec quelqu'un de ceux de leur compagnie, ils marchèrent durant un jour. Ils le cherchaient parmi leurs parents et ceux de leur connaissance; mais ne l'ayant pas trouvé, ils retournèrent à Jérusalem pour l'y chercher. Trois jours après ils le trouvèrent dans le Temple, assis au milieu des docteurs, les écoutant et les interrogeant. Et tous ceux qui l'écoutaient étaient ravis en admiration de sa sagesse et de ses réponses. Lors donc qu'ils le virent, ils furent remplis d'étonnement, et sa mère lui dit : « Mon fils, pourquoi avez-vous agi ainsi avec nous? Voilà votre père et moi qui vous cherchions, étant tout affligés. » Il leur répondit : « Pourquoi me cherchiez vous? Ne saviez-vous pas qu'il faut que je sois occupé à ce qui regarde le service de mon père? » Mais ils ne comprirent point ce qu'il leur disait. Il s'en alla ensuite avec eux, vint à Nazareth, et il leur était soumis. Or, sa mère conservait dans son cœur toutes ces choses, et Jésus croissait en sagesse, en âge et en grâce devant Dieu et devant les hommes.

AMOUR DE JÉSUS-CHRIST POUR LES ENFANTS.

On présenta à Jésus des petits enfants, afin qu'il leur imposât les mains et qu'il priât pour eux; et comme ses disciples les repoussaient avec des paroles rudes, Jésus leur dit : « Laissez-là ces enfants et ne les empêchez pas de venir à moi, car le royaume du Ciel est pour ceux qui leur ressemblent; » et leur ayant imposé les mains, il partit de là.

En ce même temps les disciples s'approchèrent de Jésus, et lui dirent : « Qui est le plus grand dans le royaume des cieux ? » Jésus ayant appelé un petit enfant, le mit au milieu d'eux, et leur dit : « Je vous dis en vérité que si vous ne vous convertissez, et si vous ne devenez comme de petits enfants, vous n'entrerez point dans le royaume des cieux. Quiconque donc s'humiliera et se rendra petit comme cet enfant, celui-là sera le plus grand dans le royaume des cieux; et quiconque reçoit en mon nom un enfant tel que je viens de dire, c'est moi-même qu'il reçoit. »

Un homme appelé Jaïr, qui était un chef de synagogue, vint auprès de Jésus, et se prosternant à ses pieds il le suppliait de venir dans sa maison, parce qu'il avait une fille unique, âgée d'environ douze ans, qui se mourait, et comme Jésus y allait quelqu'un vint dire au chef de la synagogue : « Votre fille est morte ; ne donnez pas davantage de peine au maître. » Mais Jésus ayant entendu cette parole, dit au père de la fille : « Ne craignez point; croyez seulement, et elle vivra. » Etant arrivé au logis, il ne laissa entrer personne que Pierre, Jacques et Jean, avec le père et la mère de la fille. Et comme tous ceux de la maison la pleuraient en se frappant la poitrine, il leur dit : « Ne pleurez point ; cette fille n'est pas morte, mais seulement endormie. » Mais ils se moquaient de lui, sachant bien qu'elle était morte. Jésus donc la prenant par la main, lui cria : « Ma fille, levez-vous ! » Et son âme étant retournée dans son corps, elle se leva à l'instant ; et il commanda qu'on lui donna à manger. Alors son père et sa mère furent remplis d'étonnement. Il leur recommanda de ne dire à personne ce qui était arrivé.

Un jour Jésus allait dans une ville appelée Naïm, et ses disciples l'accompagnaient avec une grande foule de peuple. Lorsqu'il était près de la porte de la ville, il arriva qu'on portait en terre un mort, qui était fils unique de sa mère, et cette femme était veuve. Il y avait avec elle une grande quantité de personnes de la ville. Le Seigneur l'ayant vue, fut touché de compassion envers elle, et lui dit : « Ne pleurez point ; » et s'approchant, il toucha le cercueil : ceux qui le portaient s'arrêtèrent ; alors il dit : « Jeune homme, levez-vous, je vous le commande! » En même temps le mort se leva sur son séant et commença de parler ; et Jésus le rendit à sa mère. Tous ceux qui étaient présents furent saisis de frayeur, et ils glorifiaient Dieu en disant : « Un grand prophète a paru au milieu de nous, et Dieu a visité son peuple ! »

Les Princes des Prêtres et les Scribes voyant les merveilles que Jésus avait faites, et les enfants qui criaient dans le temple et qui disaient : « Hosanna ! Salut et gloire au fils de David ! » en conçurent de l'indignation, et lui dirent : « Entendez-vous bien ce qu'ils disent ? » Oui, leur dit Jésus. Mais n'avez-vous jamais lu cette parole ? « Vous avez tiré la louange la plus parfaite de la bouche des petits enfants et de ceux qui sont à la mamelle. »

www.ingramcontent.com/pod-product-compliance
Lightning Source LLC
LaVergne TN
LVHW021740080426
835510LV00010B/1302